W9-BGU-487

DATE DUE

EN CUMPLIMIENTO DEL DEBER / LINE OF DUTY

EL SERVICIO SECRETO DE EE.UU.

PROTEGE A NUESTROS LÍDERES

THE U.S. SECRET SERVICE

PROTECTING OUR LEADERS

por/by Connie Colwell Miller

Consultor de contenido/Content Consultant:
Kenneth E. deGraffenreid
Profesor de Estudios de Inteligencia/
Professor of Intelligence Studies
Institute of World Politics, Washington, D.C.

Consultora de lectura/Reading Consultant:
Barbara J. Fox
Especialista en Lectura/Reading Specialist
North Carolina State University

CAPSTONE PRESS
a capstone imprint

Blazers Books are published by Capstone Press,
1710 Roe Crest Drive, North Mankato, Minnesota 56003
www.capstonepub.com

Library of Congress Cataloging-in-Publication Data
Miller, Connie Colwell, 1976–
  [U.S. Secret Service. Spanish & English]
  El Servicio Secreto de EE.UU. : protege a nuestros líderes / por Connie Colwell
Miller = The U.S. Secret Service : protecting our leaders / by Connie Colwell
Miller.
        p. cm.—(Blazers bilingue. En cumplimiento del deber = Blazers bilingual.
Line of duty)
  Includes index.
  ISBN 978-1-62065-170-4 (library binding)
  ISBN 978-1-4765-1381-2 (ebook PDF)
1. United States. Secret Service—Juvenile literature. 2. Secret service—United
States—Juvenile literature. I. Title.
HV8144.S43M5518 2013
363.28'30973—dc23   2012018192

Summary: Describes the Secret Service, including what it is and what Secret
Service agents do—in both English and Spanish

Editorial Credits
Jennifer Besel, editor; Strictly Spanish, translation services; Bobbi J. Wyss,
designer; Eric Manske, bilingual book designer; Wanda Winch, media researcher;
Kathy McColley, production specialist

Photo Credits
AP Images/*Akron Beacon Journal*/Ken Love, 25; Marty Lederhandler, 12; Reed
    Saxon, 6; U.S. Secret Service, 24
Corbis/Reuters/Jorge Silva, 13; Kevin LaMarque, 8–9
Getty Images Inc./AFP/Brendan Smialowski, 4–5; AFP/Mandel Ngan, 17, 28;
    AFP/Nicholas Kamm, 10–11; AFP/Paul J. Richards, cover, 21, 22–23;
    AFP/Tim Sloan, 15, 29; Mark Wilson, 19, 26–27; Matthew Cavanaugh, 14
Zuma Press/ *The Sacramento Bee*/Anne Chadwick Williams, 18

Printed in the United States of America in Stevens Point, Wisconsin.
092012   006937WZS13

TABLE OF CONTENTS

TABLA DE CONTENIDOS

STOPPING CRIMINALS

A man gets ready to shoot the president. But the **criminal** is caught before he can act on his plans.

[**criminal**—someone who commits a crime]

DETENER CRIMINALES

Un hombre se prepara a balear al presidente. Pero el **criminal** es atrapado antes de que pueda llevar a cabo sus planes.

[**criminal**—alguien que comete un crimen]

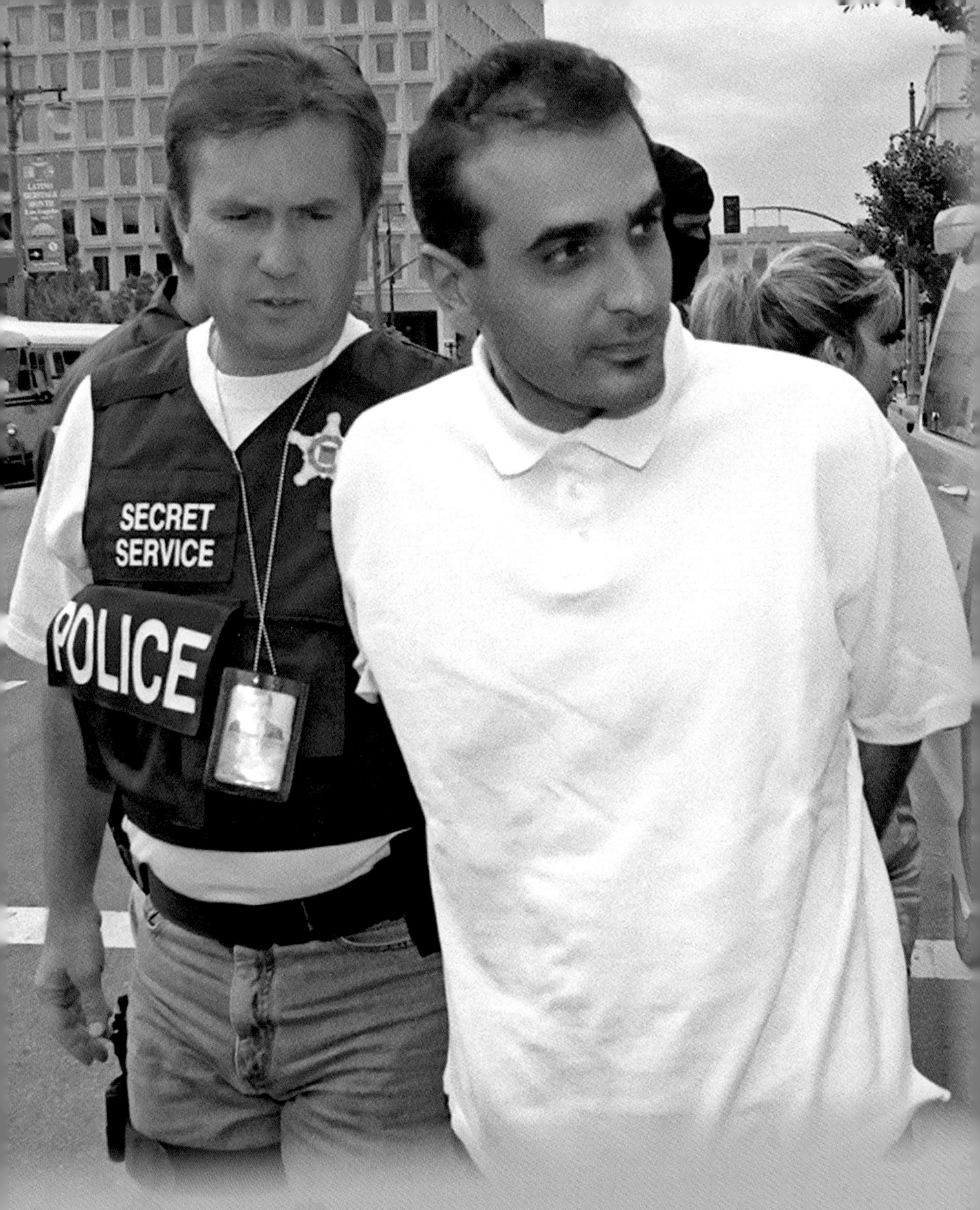
SECRET
SERVICE
POLICE

A **hacker** tries to steal money from a bank. Instead, he is arrested and put in jail.

[**hacker**—a person who breaks into computer systems]

Un **hacker** trata de robar dinero de un banco. En vez, es arrestado y enviado a la cárcel.

[**hacker**—una persona que trata de forzar su ingreso en sistemas de computación]

Secret Service agents stop criminals. Agents move quickly to keep our leaders and our money safe.

FACT! The Secret Service calls a person they are protecting a "protectee."

Los agentes del Servicio Secreto detienen criminales. Los agentes se mueven rápidamente para mantener a nuestros líderes o nuestro dinero seguros.

¡DATO! El Servicio Secreto llama "protegido" a una persona que está protegiendo.

SECRET SERVICE BASICS

The Secret Service is a law enforcement **agency**. Agents guard U.S. leaders and their families. They follow the leaders day and night.

[**agency**—a government office that provides a service]

LO BÁSICO DEL SERVICIO SECRETO

El Servicio Secreto es una **agencia** del orden público. Los agentes protegen a los líderes de EE.UU. y sus familias. Ellos siguen a los líderes noche y día.

[**agencia**—una oficina del gobierno que provee un servicio]

The Secret Service watches over other people as well. Former presidents are guarded by the service. Visiting world leaders are protected too.

El Servicio Secreto cuida también a otras personas. Los ex presidentes son protegidos por el servicio. Los líderes mundiales visitantes también son protegidos.

former Palestinian leader Yasser Arafat

ex líder palestino Yasser Arafat

former president
Jimmy Carter

ex presidente
Jimmy Carter

13

When a leader travels, so does
the Secret Service. Agents make
sure the route is safe. They block roads
to control who comes and goes.

FACT! New agents go through
27 weeks of training.

Cuando un líder viaja, también lo hace el Servicio Secreto. Los agentes se aseguran que la ruta sea segura. Ellos bloquean las calles para controlar quién va y viene.

¡DATO! Los agentes nuevos completan 27 semanas de entrenamiento.

STOP

ALL VEHICLES SUBJECT TO SEARCH

STREET CLO TO ALL PEDESTRI

AREA AHEAD NO

Agents stay with U.S. leaders even in other countries. Agents watch for people who might try to hurt or kill the leaders.

FACT! About 7,000 people work for the Secret Service.

Los agentes se quedan con los líderes de EE.UU. hasta en otros países. Los agentes están atentos a personas que pueden tratar de herir o matar a los líderes.

¡DATO! Cerca de 7,000 personas trabajan para el Servicio Secreto.

Agents guard the U.S. Secretary of State and the White House Chief of Staff in foreign countries.

Los agentes protegen al Secretario de Estado y al Jefe de Gabinete de la Casa Blanca en países extranjeros.

The Secret Service also stops crimes that deal with money. Agents hunt down people who make fake money.

FACT! The Secret Service was formed in 1865 to stop people from making fake money.

UNITED STATES SECRET SERVICE
SACRAMENTO OFFICE

Agents guard the U.S. Treasury Building. People working there manage the country's money.

Los agentes protegen el Edificio del Tesoro de EE.UU. Las personas que trabajan allí administran el dinero del país.

El Servicio Secreto también detiene crímenes relacionados con el dinero. Los agentes persiguen a las personas que falsifican dinero.

¡DATO!

El Servicio Secreto se formó en 1865 para detener a las personas que falsificaban dinero.

WEAPONS AND EQUIPMENT

Secret Service agents carry guns and handcuffs. They wear bulletproof vests. They also carry a radio to keep in touch with other agents.

ARMAS Y EQUIPOS

Los agentes del Servicio Secreto llevan armas y esposas. Usan chalecos antibalas. También llevan una radio para mantenerse en contacto con otros agentes.

Some agents use trained dogs. These dogs sniff out bombs. They lead agents to the weapons before they **explode**.

[**explode**—to blow up]

FACT! Only Belgian Malinois dogs are trained to help the Secret Service.

Algunos agentes usan perros entrenados. Estos perros olfatean bombas. Ellos dirigen a los agentes a las armas antes de que **exploten**.

[**explotar**—hacer estallar]

¡DATO! Solo los perros pastor belga malinois son entrenados para ayudar al Servicio Secreto.

Agents use computers to track criminals. Many criminals steal money using the Internet. Agents find these people and arrest them.

Los agentes usan computadoras para seguir las pistas de los criminales. Muchos criminales roban dinero usando Internet. Los agentes encuentran a estas personas y las arrestan.

Secret Service agents often work with U.S. Marshals to arrest criminals.

Los agentes del Servicio Secreto a menudo trabajan con mariscales de EE.UU. para arrestar criminales.

IN THE LINE OF DUTY

Agents are often in the line of fire. Some criminals try to shoot U.S. leaders. Agents have to be ready to do anything to keep our leaders safe.

EN EL CUMPLIMIENTO DEL DEBER

Los agentes con frecuencia están en la línea de fuego. Algunos criminales tratan de balear a los líderes de EE.UU. Los agentes tienen que estar listos para hacer todo lo necesario para mantener seguros a los líderes.

Secret Service agents risk their lives every day. The agents are ready for any trouble that comes their way.

FACT! The guards on the roof of the White House are part of the Secret Service. They protect the building and the people in it.

Los agentes del Servicio Secreto arriesgan sus vidas todos los días. Los agentes están listos para cualquier problema que se presente en su camino.

¡DATO! Los guardias en el techo de la Casa Blanca son parte del Servicio Secreto. Ellos protegen el edificio y a las personas que están adentro.

GLOSSARY

agency (AY-juhn-see)—a government office that provides a service to the country

arrest (uh-REST)—to capture and hold someone for breaking the law

criminal (KRIM-uh-nuhl)—someone who commits a crime

explode (ek-SPLODE)—to blow apart

hacker (HAK-ur)—a person who is an expert at getting into a computer system illegally

route (ROUT)—the road or course followed to get somewhere

INTERNET SITES

FactHound offers a safe, fun way to find Internet sites related to this book. All of the sites on FactHound have been researched by our staff.

Here's all you do:

Visit *www.facthound.com*

Type in this code: 9781620651704

Super-cool stuff! Check out projects, games and lots more at
www.capstonekids.com

30

GLOSARIO

la agencia—una oficina del gobierno que provee un servicio al país

arrestar—capturar y retener a alguien por quebrantar la ley

el criminal—alguien que comete un crimen

explotar—hacer estallar

hacker—una persona que es experta en forzar su entrada ilegalmente en un sistema de computación

la ruta—el camino o curso seguido para llegar a un lugar

SITIOS DE INTERNET

FactHound brinda una forma segura y divertida de encontrar sitios de Internet relacionados con este libro. Todos los sitios en FactHound han sido investigados por nuestro personal.

Esto es todo lo que tienes que hacer:

Visita *www.facthound.com*

Ingresa este código: 9781620651704

INDEX

ÍNDICE